Date: 4/21/17

SP J 523.48 ROU
Roumanis, Alexis,
Neptuno /

NEPTUNO

Alexis Roumanis

www.av2books.com

El enriquecido libro electrónico AV² te ofrece una experiencia bilingüe completa entre el inglés y el español para aprender el vocabulario de los dos idiomas.

This AV² media enhanced book gives you a fully bilingual experience between English and Spanish to learn the vocabulary of both languages.

Spanish

English

Navegación bilingüe AV²
AV² Bilingual Navigation

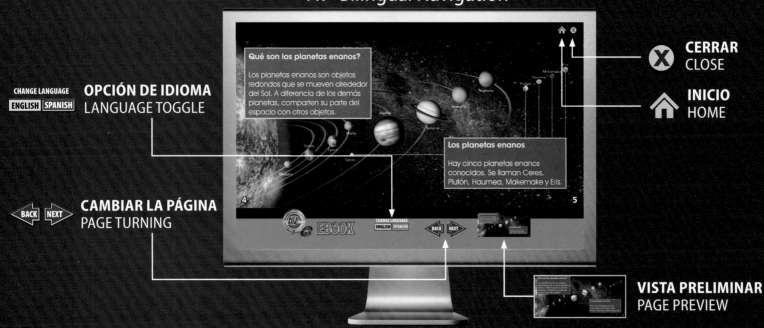

CHANGE LANGUAGE
ENGLISH SPANISH

OPCIÓN DE IDIOMA
LANGUAGE TOGGLE

CAMBIAR LA PÁGINA
PAGE TURNING

BACK NEXT

CERRAR
CLOSE

INICIO
HOME

VISTA PRELIMINAR
PAGE PREVIEW

NEPTUNO

ÍNDICE

¿Qué es Neptuno?

Neptuno es un planeta que se mueve alrededor del Sol. Neptuno es el octavo planeta desde el Sol.

Sol

Mercurio

Venus

Tierra

Marte

Ceres

Júpiter

Eris

Makemake

Haumea

Plutón

Neptuno

Urano

Saturno

Los planetas enanos

Los planetas enanos son objetos redondos que se mueven alrededor del Sol. A diferencia de los demás planetas, comparten su parte del espacio con otros objetos.

¿Qué tamaño tiene Neptuno?

Neptuno es el cuarto planeta más grande del sistema solar. Es casi cuatro veces más ancho que la Tierra.

Neptuno

Tierra

¿De qué está hecho Neptuno?

Neptuno es un planeta muy grande hecho de hielo. Se lo llama el gigante de hielo. Neptuno tiene también un centro rocoso.

9

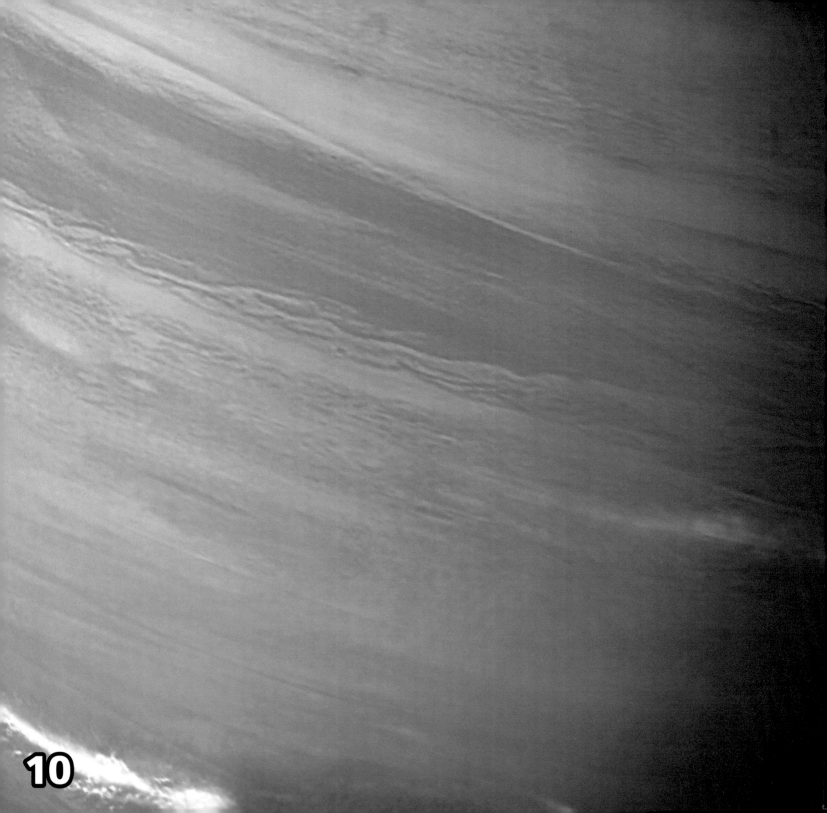

¿Qué aspecto tiene Neptuno?

Neptuno parece como si tuviera rayas. Estas rayas son nubes de gas. Las nubes de gas le dan un color azulado.

¿Qué son las manchas oscuras?

Neptuno tiene muchas manchas oscuras. Son tormentas muy fuertes en el planeta. Neptuno tiene los vientos más rápidos del sistema solar.

13

¿Qué son las lunas de Neptuno?

Neptuno tiene 13 lunas conocidas. Una de estas lunas tiene volcanes activos. Se llama Tritón.

Tritón

¿Quién descubrió a Neptuno?

Urbain Le Verrier ayudó a descubrir a Neptuno en 1846. Utilizó las matemáticas para encontrar al planeta.

¿En qué se diferencia Neptuno de la Tierra?

Cada planeta tiene una temperatura diferente. Neptuno es mucho más frío que la Tierra. Es uno de los planetas más fríos del sistema solar.

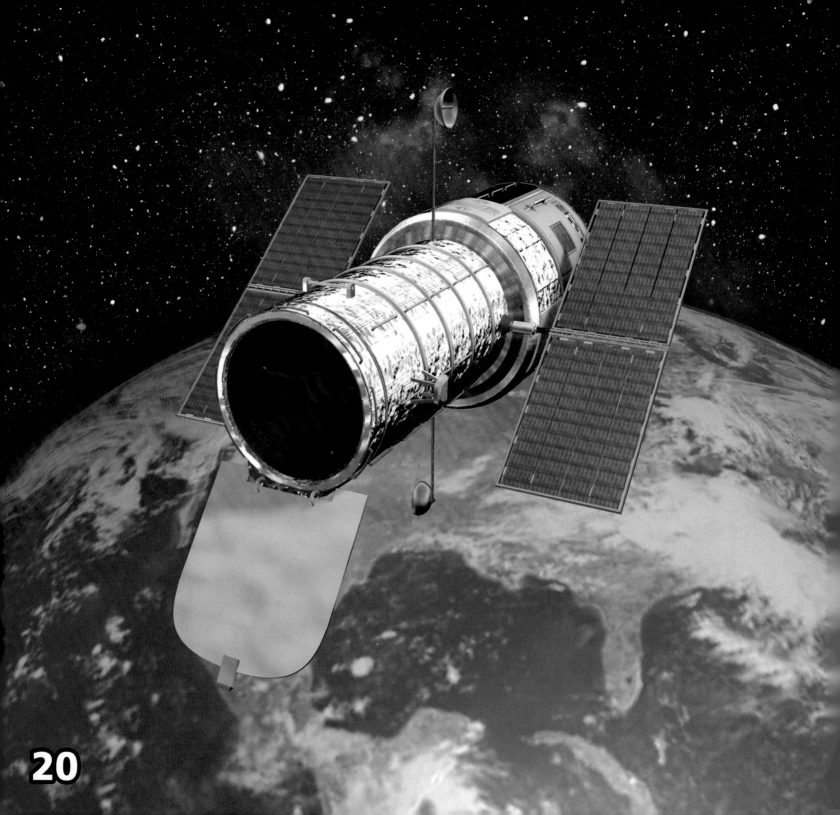

¿Cómo tenemos información sobre Neptuno hoy?

Los telescopios nos permiten ver objetos muy lejanos. El *Hubble* es un telescopio espacial especial. Toma fotografías de Neptuno desde el espacio.

DATOS SOBRE NEPTUNO

Estas páginas contienen más detalles sobre los interesantes datos de este libro. Están dirigidas a los adultos, como soporte, para que ayuden a los jóvenes lectores a redondear sus conocimientos sobre cada planeta presentado en la serie *Los planetas*.

Páginas 4–5

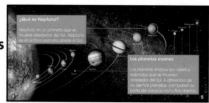

Neptuno es un planeta. Los planetas son objetos redondos que se mueven, u orbitan, alrededor de una estrella y tienen la suficiente masa para limpiar a los objetos más pequeños de sus órbitas. El sistema solar de la Tierra tiene ocho planetas, cuatro planetas enanos conocidos y muchos otros objetos espaciales que orbitan alrededor del Sol. Neptuno está a 2.795 millones de millas (4.498 millones de kilómetros) del Sol. Neptuno tarda 60.190 días terrestres en orbitar alrededor del Sol.

Páginas 6–7

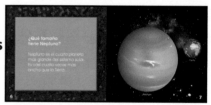

Neptuno es el cuarto planeta más grande del sistema solar. Es casi cuatro veces más grande que la Tierra. La gravedad es una fuerza que atrae a los objetos hacia el centro de un planeta. La fuerza de gravedad de Neptuno es mayor que la de la Tierra. Un objeto terrestre de 100 libras (45 kilogramos) pesaría 114 libras (52 kg) en Neptuno.

Páginas 8–9

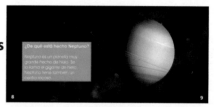

Neptuno es un planeta muy grande hecho de hielo. La atmósfera son gases que rodean a un planeta. Los gigantes de hielo tienen más hielo en sus atmósferas que los demás planetas. La atmósfera de Neptuno se va haciendo líquida gradualmente. El núcleo rocoso del planeta tiene aproximadamente el tamaño de la Tierra. No hay tierra firme en Neptuno, como hay en la Tierra. Se cree que el planeta está compuesto principalmente por agua, amoníaco y metano.

Páginas 10–11

Neptuno parece como si tuviera rayas. Al igual que en el planeta Urano, el gas metano de la atmósfera de Neptuno es lo que le da su color. Cuando la luz del sol atraviesa la atmósfera de Neptuno, el gas metano absorbe los rayos de luz rojos. Un gas desconocido absorbe los rayos verdes. Cuando las nubes de Neptuno reflejan la luz del sol en el espacio, se ve azul.

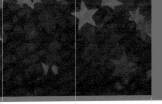

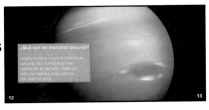

Neptuno tiene muchas manchas oscuras. Los científicos han descubierto que las manchas oscuras pueden durar varios años. Con el tiempo desaparecen y aparecen otras. Una de estas manchas, llamada la Gran Mancha Oscura, era más grande que la Tierra. Los vientos de Neptuno pueden alcanzar velocidades de hasta 1.300 millas (2.092 km) por hora. Estos vientos son nueve veces más fuertes que los de la Tierra.

Neptuno tiene 13 lunas conocidas. La más grande se llama Tritón. Es uno de los cuatro cuerpos conocidos del sistema solar que tienen volcanes activos. Tritón orbita alrededor de Neptuno en dirección contraria a la de las demás lunas. Es uno de los lugares más fríos del sistema solar. La temperatura de la superficie de Tritón puede descender a -391° Fahrenheit (-235° Celsius).

Urbain Le Verrier ayudó a descubrir a Neptuno en 1846. Era un astrónomo francés que solía estudiar el cielo. Le Verrier observó que algo estaba haciendo que Urano se saliera de su órbita. Pensó que sería la masa de otro planeta. Usando las matemáticas, Le Verrier calculó la ubicación de este misterioso planeta. Le contó su idea a otro astrónomo y, al poco tiempo, se descubrió a Neptuno.

Cada planeta tiene una temperatura diferente. La temperatura promedio de Neptuno es de -373° F (-225° C). En la Tierra, la temperatura promedio es de 46°F (8°C). Neptuno es mucho más frío que la Tierra porque está 30 veces más lejos del Sol. El polo sur de Neptuno es un poco más cálido que el resto del planeta. El polo sur de la Tierra es más frío que la mayor parte del planeta.

Los telescopios nos permiten ver objetos muy lejanos. Los telescopios especiales, como el Telescopio Espacial *Hubble*, puede tomar fotografías en el espacio. La NASA utiliza al *Hubble* para obtener más datos sobre Neptuno. En 2013, el *Hubble* se usó para encontrar una nueva luna que orbitaba alrededor de Neptuno. Esta luna transitoria es 100 millones de veces menos brillante que la estrella más débil del cielo nocturno.

¡Visita www.av2books.com para disfrutar de tu libro interactivo de inglés y español!

Check out www.av2books.com for your interactive English and Spanish ebook!

1 Entra en www.av2books.com
Go to www.av2books.com

2 Ingresa tu código
Enter book code

M262297

3 ¡Alimenta tu imaginación en línea!
Fuel your imagination online!

www.av2books.com

Published by AV² by Weigl
350 5th Avenue, 59th Floor
New York, NY 10118
Website: www.av2books.com

Library of Congress Control Number: 2015954040

ISBN 978-1-4896-4449-7 (hardcover)
ISBN 978-1-4896-4451-0 (multi-user eBook)

Printed in the United States of America in Brainerd, Minnesota
1 2 3 4 5 6 7 8 9 0 20 19 18 17 16

042016
101515

Weigl acknowledges Getty Images and iStock as the primary image suppliers for this title.

Project Coordinator: Jared Siemens
Spanish Editor: Translation Cloud LLC
Art Director: Terry Paulhus

24